꽃씨 음(吟)

지성 · 감성의 메타언어
조선문학시인선 · 400

꽃씨 음(吟)

김 종 희 시집

조선문학사

■ 책머리에

책을 내면서

숲속을 걸어 보셨나요?
싱그러운 풀내음에 취해 깊은 숨 들이키면 눈이 감깁니다.

시의 세계에 들어오면
때로는 기쁘고 서럽고 부끄럽고 그러다 행복해집니다.

지금은 걸음마를 배우는 아가처럼
한 발짝 한 발짝 비틀거리다 다시 일어나서 부끄럼 감추고 걸으렵니다.

글을 쓰면서 어머니를 생각합니다.
고향을 생각합니다.
사랑하는 가족들을 생각하며 감사하는 마음으로 커 가렵니다.

그동안 지도해 주신 박진환 교수님과 이끌어 주신 우재정 시인님 고맙습니다.

그리고 평안을 주신 하나님께 감사기도 드립니다.

2014년 늦가을

김종희

꽃씨 음(吟) 차례

제1부
언어로 피운 꽃다발

제2부
창문을 열고

제3부
믿음으로 여는 길 걷기

제4부
언어로 찍는 발자국

제5부
시집 평설

제1부

언어로 피운 꽃다발

꽃씨

꽃씨 속엔
꽃보다 아름다운
긴 이야기가 들어 있다

꽃씨 속엔
꽃씨보다 아름다운
꽃들이 숨어있고

도란도란
나비와 나누는 밀어며
함박웃음 웃어주는 해님과
아침마다 내리는 이슬로
목마름을 적신 꽃씨는
벌들에게 나누어줄 꿀을 담고 있다

어느 봄날
노란 민들레 씨는
하얀 날개를 펴고 천사처럼 날아
어디론가 떠나고

꽃씨는
날마다 행복해서 웃고 있다

앵초[취란화]

초봄에
작은 잎이
소복이 올라와

보송보송한
하얀 털이
솜털인양 부드럽다

손길 닿으면
이내 건네는 체온
피가 돌아
연분홍 꽃으로 핀다

피어 바람 바퀴삼아 굴리며
봄나들이 즐기는
취란화

수선화

옷깃 여미는 꽃샘 추위에도
한송이 털어내며 내미는
꽃망울

나르시스의 환생
올봄엔
이루어질 수 없는 사랑
꽃말과는 달리
이루어질 수 있을까?

핀 꽃잎 거울삼아
비춰보고
나르시스가 되는
내 영혼

제비꽃

강남 제비 오는 날
물찬 제비 닮은
제비꽃 피었다

꽃이 피는 춘궁기에
배고픈 오랑캐들 찾아
오랑캐 꽃으로 피었네

꽃으로 만든 꽃반지
아기 손가락에 끼워
반지 꽃이 되었네
반지가 하는 말
“나를 생각해 주세요”

민들레

고향
토담 밑에
살며시 웃어주던
하얀 민들레는 다 어딜 가고

온 천지에
노란 민들레만
함박웃음 웃고 있다

내 사랑 그대에게 드려요
지천으로 노랗게
꽃말 펼쳐놓고 밀어 나누더니

끝내 하얀 영혼 날개삼아
날아가버린 노란 순애보

여의나루 벚꽃

꽃인지
자유인지
가지마다 무지게로
걸려 있다

사람인지
무지게인지
웃음마다 꽃이 되어
가지에 걸려 있다

주말께면
꽃도 무지게도 웃음도
꽃비 되어 내릴 터

꽃비 맞으러
우산 없이 나들이 해야겠다

들꽃 · 1

푸른 숲에
아주 작은 들꽃 하나

바람이 분다
바람 속에 흔들림은 있었지만

지금은 조용히
날개달린 씨앗이 되어

바람 따라
먼 곳으로 여행한다

그래도 나는
어디서나
들꽃이어라

들꽃·2

꽃은 꽃인데
이름을 알 수 없구나

이름을 알 수 없으니
이름으로 불러줄 수 없구나

이름도 없이 피었다 지는
졌다가 다시 피는
피고 지는 우연

이름 없는 들꽃을 앞에 하고
우연과 필연의
두 존재를 읽어 본다

들꽃 · 3

그 많은 꽃들 중에
이름 없는 들꽃 하나
피어 있다

햇볕이 만져 주면
햇볕과 놀고
바람이 흔들어 주면
바람과 노는
들꽃

인위의 꽃밭이 아닌
인위의 손길이 아닌
무위로 피고 지는
들꽃 하나 여기에 피어 있다

꽃들의 세상 · 1

내 뜰은
작은 사계의 정원
봄엔
색깔의 경연
여름엔
그린 공화국
가을엔
황금 가득
겨울엔 설화

사계로 돌리는
순환의 시계
내 정원은 꽃들의 세상

꽃들의 세상 · 2

내 뜰에
이슬비 내리면
작은 꽃들이
고개 숙이고 웃는다

잎새 끝에
구르는 영롱한 구슬
아침 해 뜨면
반짝이다 가버린다

봄 여름 가을
피고 지던 꽃들이
다 가버리고
앙상한 나목 위에
소복소복 하얀 꽃 피었다

초롱꽃

날마다
기다립니다
기다림 기름삼아
초롱불 밝혀들고
오늘도 기다림이 되어버린

긴밤 내린비에 젖은 꽃잎
기다림도 비로 내리면
눈물로 젖는 것을

님이 오시려나
비에 젖을수록
더 영롱하게 피어나는 것을

깊은 여름밤 밝혀
오실 길
등 걸어 밝혀주는 초롱꽃

코스모스

고향이
멕시코여서
하늘바라기로 키가 웃자랐을까
발돋움하며 키재기하는
코스모스

우리말로는
살살이꽃
아름답게 나부낌도 살살살
몸부비며 살 맞댐도
살살살

코스모스면 어떻고
살살이꽃이면 어떻나

하늘바라기로 떠올려보는
고향 코스모스길
살살살 손흔들며
지금도 나를 부르고 있는 것을……

용담꽃 · 1

해 뜨면
토해 내듯
청보라빛 입술로 담아내는
미소

해 지면
기다림에라도 지친듯
입술 달삭이며
깨무는 외로움

지나가던
노스님 한분
구절 죽장에 몸 기댄 채
잠시 벗하다 돌아선다

용담꽃 · 2

바다가 그리운 것일까
보랏빛 꽃잎에
파도가 묻어 있다

마주하면
해수인듯 스치는
젖는 외로움

다가가면
절인듯 파란잎을 떨며
반기는
외로움

용담꽃 · 3

발 끝에
겨울을 앞에 하고
피는
자투리 햇볕으론 녹일 수 없는지
파랗게 질린
입술

꽃말이 무엇인지 알 순 없지만
황국보다
화사하지 않아서
좋은
말 없이도 읽을 수 있는 말
용담꽃

제2부

창문을 열고

봄이 오는 소리

달콤한 봄의 향기가
대기 속에 가득 찼다

꼬리에 꼬리를 물고
호수로 내려 가며
터뜨리는 조용한 시냇물의 속삭임 소리

바람이
연둣빛 버들가지를 어루만져
간지럼 타는 웃음소리

얼었던 거친 땅 뚫고 올라온
초록 수선들의 숨 가빠하는 아우성 소리

노란 꽃망울 터뜨리며
춘곤증에 겨워하는
산수유 꽃들의 하품소리

이명처럼 들려오는
살금살금 봄이 오는 소리
눈 감고 살며시 들어본다

4월 마지막 날

4월 속에는
사계절이 들어 있다

눈이 내리고
바람이 부는 날은 겨울

꽃이 피고
햇볕이 따스한 날은 봄

손주와 아이스크림을 사먹은 날은
여름

마음에 담아
봄으로도 겨울로도
여름으로도 펼치지 못한
또 하나의 계절

시의 계절이
4월 속에 들어 있다

항아리 · 1

비어 있음이 채움이란
비움 없이 채울 수 없다는
비우고 채움이 하나 되는 이치가
불이(不二) 아니던가

어찌 항아리뿐이랴
너와 내가 둘이 아닌
하나인 자타 불이(不二)도
다름이 아닌 것을
빈 항아리에서 배운다

항아리 · 2

저리 큰 만복의 배를 하고도
배가 고파
하늘 향해 입을 벌리고 있는가
아니면
포만의 하품인가

아무려면 어쩌나
저 안정감과
여유로움과
비우고 채울 줄 아는
지혜

배워볼 일이다
배워
비우고 채움의 지혜를
익힐 일이다

마음 · 1

산의 마음은 알 수가 없다
저 바위의 침묵이며
가지들의 수화며
새들의 재잘거림
무엇인가 말을 하고 있는데
알 수가 없다

땅의 마음
바다속 마음도 알 수가 없다
무슨 일이 있기에
뜨거운 불을 뿜어 내는지?

어찌
산과 바다 땅의 마음뿐이랴
수많은 사람들 마음에도
한이 서린 물불이 이글거리며
끓고 있는 것을

마음 · 2

산의 마음은 알 수가 없네
그윽한 아름다움이
모두 담겨 있는데
그래도
한이 있나?
뜨거운 불을 뿜어내고
무거운 바위 틈으로
뜨거운 물
차가운 물도
쉼 없이 흐르게 하고 있다

땅의 마음과
바다속 마음도 알 수가 없구나
무슨 한이 있기에
그 뜨거운 불을 뿜어내는가?

수많은
사람들 마음에도
한이 서린 물불이 이글거린다

내 마음

내
마음이 슬플 때는
새들이
울고 있다고 느끼지요

내
마음이 기쁠 때는
새소리가
노래로 들리고요

허나 꽃들은
슬픔이나 기쁠 때도
언제나 웃고 있어서
행복 합니다

바람이 불어
나뭇가지가 꺾여져도
꽃은 소리 아닌 웃음으로 핍니다

장날

팔고 사는 흥정 소리가
흡사 아우성 같다

낯설지만
뜨거운 열정이 용솟음친다
살아 움직이는 역동성에
살맛이 난다

어깨 너머로 지켜보며
마음으로 나누는
넘치는 활력

밀고 밀리며
팔려는 사람 사려는 사람들의 떠드는
웃음소리가
잠자는 내 영혼을 흔든다

장마

들에
장대비가
쏟아진다

나무도
사람들도
모두 서 있다

기쁨일까
아픔일까
서 있는 모두의 생각

산이 쏟아져 내리고
강이 범람하여
여기 저기 들리는
슬픈 아우성

울다가
웃으면서 힘낸다

2013년 장마

하루는
죽창이 꽂혔다가
하루는
철못이 꽂히고
또 하루는
투창이 내리 꽂히는
우계

장마철은
비들의 전쟁터

신식 아닌
구식 전쟁놀이로
하루하루를
보낸다

물

밤이 새도록
쏟아지는 물
물은 하늘에서 왔나?

골짝마다
쉼 없이 흘러 보내는 물
물은 산에서 왔나?

하늘에서 산에서
내려오고 흘러온
물들이 이룬 강물로

지구 표면은 70%가 물
내 몸에 70%도 물
물이 없다면
나도 존재할 수 없음의 이치

그 이치
물에서 배워 푼다

기다림

베란다 창틀에 기대어
기다리고 있다 배롱꽃이 피기를
예술회관 정원엔 배롱나무 꽃들이
만발했는데 내 뜰에 서 있는 배롱나무
올해는 아직도 필 생각을 않고 서 있다

멀리 여행간 큰딸의 전화도 기다리고
친구의 소식도 기다린다
깜짝 놀랄 시상도 기다리며
매일 기다림의 연속에 빠져 산다

기다림 그것은 소중하고
나를 살아가게 하는 힘의 샘이다
말하기 어려운 기다림들
보잘 것 없는 사소한 기다림
세상을 살면서 기다림이 없는 이도 있을까?

누구 향일까

늦은 오후
꽃밭에 앉아 있다
눈을 감아도 보이는 꽃들

누구의 향일까
이 황홀한 내음에 취해
꿈속에서 나비처럼 날았다

접시꽃, 장미, 백합, 달맞이
초롱꽃, 패랭이
아주 작은 풀꽃들
모두 한데 어울려 나누는 밀어
말 대신 가슴으로 품어보는 향

꽃밭의 꽃들이 그러하듯
땅위에 사는 너와 나
그리고 많은 나라와 나라들이
한데 얼려 평화롭게 살 수 있다면……

내 것은 없지요

내 몸은
내 것이 아니랍니다

내 자식들의
어미랍니다

내 마음도
내 것이 아니지요
함께 살아온
그이의 반려자랍니다

나는 내 것이
아니지요
사랑하는 손자들의
할미랍니다

나는 내 것이
아니랍니다
살아온 사연을
함께 이야기하는
벗들의 친구지요

내 것은 없지요
아무것도 없는 허름한
빈 보자기입니다

안개가

다투어 빛을 내고 있는 꽃을 보면
행복해 보이는데
머릿속은 자욱한 안개가
겹겹으로 둘러처져 있다

둘러친 안개를 벗겨내기 위해
나비가 되어 꽃들 속에
살며시 꿈으로 앉아본다

안개 속에 두 팔을 벌리고 눈을 감았다

아우성만 높아가고 있는 세상
세상의 안개는 언제쯤 걷힐까
걷혀
안개꽃이라도 피워낼까

이제 그만

눈을 감으니
숲이 보이고 하늘이 보이네

감아야 보이는 이치는
뜨면 보이지 않는다는 이치도 되거니
보이고 보이지 않음은
마음의 눈이 따로 있음이 아니던가

감겼던 마음의 눈 뜨고
세상을 다시 볼 일이다
다시 보아
눈으로는 볼 수 없는
세상을 열 일이다

흐르고

흐르는 것은 강물만이 아니다
강물을 따라 세월이 흐르고
세월 따라 인생도 흐른다

어찌 인생뿐이랴
달빛도 흐르고
달빛 따라 외로움도 흐르고
외로움 따라 그리움도 흐른다

흐르고 흘러 강물로 몸 섞으면
사랑도 함께 흐를까

흘러
만남이 될까
이별이 될까

거울

긴 터널을 지나
찾은 빛

이글거리는 태양 아래
빛의 세례를 받으며
지혜의 문 앞에 서 있다

어느 날 내 앞에 서 있는
거울이 조용히 속삭였다
나는 너야

내가
거울에게 웃으며 말했다
너는 나야

긴 터널을 지나
빛을 벗하고 서서
나와 네가 둘이 아닌
하나란 불이를 깨달았다

그 사람

멀리 있었던 당신이
이젠
내 창가에 서서 나를
바라보고 있습니다

그 많은 날들의 아픔이
다 지나고
치유된 건강이
마음의 문을 열었습니다

가는 길은
이제 얼마 남지 않았지만
긴 이야기 나누며
길 동무하고 함께 걸어요

손잡고 웃으며 함께
동행해요

창문을 열고

창문을 열고
서 있다
시계 저쪽으로 돌아가는
겨울의 등이 보이고
다가오는 봄의 발자국 소리가 들린다

삼동에 묶여
동맥경화증에 걸린 가지에
물오르는 소리가 들리고
꽃눈 터지는 속삭임이 환청인듯 들린다

양지바른 담 밑에
자투리 햇볕이 잠시
앉았다 가는 양지녘으로 난
창문에 서서
가고 오는 계절의 발자국 소리를
귀동냥한다

내일이 있다

어제가 있었고
오늘이 있듯이
내일이 있다

어제 속엔 무지개가 있었고
오늘은 내일로 가는 다릿목에
나를 세워
잠시 쉬기로 했다

쉬면서
이마를 가로지르는 가야할 길에
이정표 하나 세우기로 했다

이정표엔
시 한편을 새겨두고 싶다
다가올 내일은
산, 들, 바다를 보며
하늘의 별처럼 빛나리라

가족 · 1

하늘 지붕 밑에 사는
아담의 후예들
우리는 한 가족인 것을

지구 울타리 안에서
빵을 떼고 나누는
멀어도 가까운 식구인데

가깝고도 멀기만한
그대들의 기근에
뜨거운 가슴으로
사랑을 보냈는데

우리 언젠가는
손을 잡고 웃을 수 있겠지요

가족 · 2

인간이란 따로 울타리치고
처마 맞대고 사는
지구촌

인종 다르고
피부색 다르고
언어도 습속도 달리 하지만
한 하늘 지붕하고 사는
지구촌에 살면서도
이방인 못 면하는 한반도

이데올로기 울타리에 갇혀
한 혈통 한 민족인데
생각 따로 느낌 따로 사상 따로
따로따로 등 돌리고 사는 코리아

언제나 갇힌 벽 허물고
너와 내가 아닌
우리란 이름의 가족으로
함께 할 날 있을지

쓰레기도 보물

골목길
여기 저기 쌓인 빈 상자들
덜커덩 거리는 빈 수레를 밀고오는
칠순 노파가 널브러진 삶을 거두어간다

그이에게는
쓰레기도 보물이다
허겁지겁 보물찾기로 하루 해를 보내면
고달픈 삶에도 안식이 찾아온다

조용한 안식처에서
잘 보내진 하루를
감사함으로 밤을 지샌다

가을

가지와 가지 사이
산과 산 사이를 끼고 도는
황금 구렁이가 비늘을 털어낸다

가슴과 가슴 사이
이마와 이마 사이에 걸린
무지개가 빛깔을 털어내며
승천인지 귀천인지
발자국을 찍는다

가을에 온 편지

가을에 온 편지에는
발자국이 찍혀 있다

오색 무지개빛 길
발자국 따라 걷는
등 굽은 나그네가 그려져 있다

가던 길 멈추고 앉아 있는
노부부의 하얀 머리는
억새로 나부끼고

오늘도 가을 편지를 기다리고 있다

가을 하늘

저렇게
높은 하늘에
호수가 있었나

나르는
새들이
호수에 빠질까봐
더 높이 날지 못하네

바람 소리
물 소리
새들의 노래 소리

여기
호수에
하늘이 빠져 있네

하나밖에 없는
태양도
호수 속에 빠졌다

호수 속 하늘에 억새꽃도 피었고
하늘이 호수인지 호수가 하늘인지
알 수 없는 가을 하늘

만추

알알이
여무는 알곡을 보고
웃음도 익어 저절로 벙글었다

무지개빛
융단길 걸으며 발자국마다
행복을 찍었다

활짝 핀
청보라빛 용담꽃 앞에 하고
나는 너를 좋아한다고 속삭였다

스산한
늦가을 저녁 바람에 떨고 있는
나목들의 체온을 읽으며

다짐해 본다
새봄이 오는 날의 기다림을

나목

내 뜰이
본적이고 고향인
해묵은 고목 두 그루

세월 칭칭 감아 올려
나란한 키로 서서
하늘바라기로 서 있는
고목 두 그루

그 아름다웠던
채색 옷 다 벗어놓고
찬서리랑 긴 이야기 나누며
봄볕 기다려 꿈꾼다

중2 엄마

어느
토요일 오후
그 여자는 파랑새가 되어
먼 하늘로 홀로 가볍게 날아갔다

식장에서는
위로 예배가 있었고
두 아들은
엄마의 죽음을 맞고도
밥이 넘어가고 잠도 오네요

그래 너희들은
건강하게 용감하게
엄마의 생애까지 살아야지

순서 없는 죽음을 아름답게 준비하며
우리는 생의 한 페이지에
발자국을 찍는다

제3부

믿음으로 여는 길 걷기

새아침

작년에도 삼백 육십 오일
날마다 새 아침이 있었다
어떤 아침은 봄꽃이 피어
눈감고 고운 냄새에 취해 얼이 빠졌고
어떤 아침엔 정겨웠던
지인의 장례식에서 눈물 흘렸다

아들네 딸네 온 식구들이
식탁에 둘러 앉아 하루를 맞는
즐거운 아침

갑오년 첫날 새 아침에는
하늘이 열리고 찬란한 태양은
산위에 앉아 우리를 보고 웃는다
해를 바라보는 많은 사람들은
하나밖에 없는 해를 보며
온갖 꿈을 엮는다

갑오년 새해에 통일의 대박도 열렸으면……

여섯 날의 창조

태초에
하나님 그이가 하늘문을 여셨다
첫째 날에
흙암의 땅 위에 빛이 있으라 하여 낮과 밤을 나뉘고
둘째 날에
궁창 아래의 물과 궁창 위의 물로 하늘과 땅을 나누셨다
셋째 날은
천하의 물이 한곳으로 모이고 뭍이 드러나라 하시고 바다와 땅을 만드사 풀과 씨 맺는 채소와 열매 맺는 나무를 내시고 보시기에 좋았더라 하시고
넷째 날에
해와 달과 별을 만드사 낮과 밤을 비추게 하시고 계절과 해를 나뉘게 하셨다
다섯째 날에
물속에 크고 작은 생물을 번성케 하고 땅에는 짐승들을

공중에는 나르는 새들을 살게 하시니 보시기에 좋았더라
지금까지는 손이 아니고 말씀으로만 만드셨다
여섯째 날에는
말씀이 아니고 마음으로 손으로 그이의 자화상으로 흙을 빚어
아담을 만드시고 아담의 외로움을 달래려고
여자를 만드시고 그들에게 바다속 생물과 땅위의 생물 공중에 나르는 모든 것들을 그들에게 주어 생육하고 번성케 하시니
보시기에 심히 좋았다고 하셨다

다섯 날의 창조는 이야기로 여섯째 날의 창조는 마음과 손으로 사랑으로 만드신 아름다운 창조물 우리가 너무나 만족한 창조물이 지금은 기쁘고 또 슬픈 카오스의 혼돈 속에 빠져 가고 있다

오두막

– 소설 오두막을 읽고

여름 달콤한 향이 가득찬 어느 날
맥은 가족과 함께 호숫가 오두막에서
야영을 즐겼다

어느 날 그늘 비껴가며 기우는 오후
사랑하는 막내 낸시가 사라졌다

사라진 낸시가 안겨준
슬픔을 견디지 못해
하나님(파파)과 멀어졌다

삼년이 지난 어느 날
오두막에서 파파의 편지가 왔다
하나님도 편지를 쓰시나

편지를 받고 다시 찾은 오두막은
옛날 그대로였고
파파와 예수와 성령이 함께 있었다

그들과 식사하며 이야기 꽃을 피우기도 하고
예수의 손을 잡고 호수 위를 걷기도 했다

오두막은
작은 세계가 감추고 있는
큰 세계의 비밀임과 함께
맥은 고통이 있는 곳에서
여러 가지 은혜가 발견됨을 알았다

눈물은 치유의 물이고
기쁨의 샘물임도 알았다

이 지구상에 하늘이 치유할 수 없는 슬픔은 없다
맥은 다시 파파를 더욱 사랑하게 되었다

골방

저택에도 작은 집에도 골방은 있다

생각이 흐트러지고 정리되지 않는 날
생활에 지쳐 피곤하면 고단한 몸 이끌고
나의 골방으로 들어간다

어둡고 좁고
잡동사니들로 가득 차있는 또 다른 삶의 현장
잠시 벽에 기대어 눈을 감으면
유년에서 노년에 이르기까지
잡다한 일들이 주마등같이 떠오른다

미처 펼치지 못한 아름다운 꿈에 기대면
몸도 마음도 편안하게 잠들게 하는
아늑하고 조용한
또 하나의 안식처가 되어준 골방

감추고 싶은 것
소중하게 보관하고 싶은 것들이
다 모여 있다

골방에서의 은밀한 기도는
하나님께서도 응답해 주신다고 했지

작지만 큰 꿈을 이루는 사랑하는 골방
소유하고 방어되는 행복한 이미지의
공간이라고 한 소의를 알 것 같다

추수감사절

내 작은 뜰에
들꽃과 새싹을 보내
봄을 가꾸게 해주셔서
행복해요

여름에는 꽃들과 곡식들이
푸르게 쑥쑥 자라
싱그러운 경장이 안겨주는 풍요로
보람을 느껴요

호박 고추 가지가
주렁주렁 열렸어요
모두 함께 나누어 먹게 해주셔서
즐거워요

헌집 가져가시고 새집 주시어
새 보금자리 마련해 주셔서
따뜻해요

나를 떠난 가지들이
제마다 뿌리를 내려
드리우는 그늘이
아름다워요

감사와 사랑 나누어 주시고
따뜻한 축복 내려 주셔서
감사해요
님이여

조물주의 솜씨

흙으로 빚어진
인간
그래서일까
마지막 돌아가는 곳은
흙

흙으로 돌아갈 수 없는
혼은 무엇으로 빚어졌을까
무엇으로 빚어졌기에
흙 아닌 곳으로 귀천할까

어찌
조물주의 일을 말하랴
주어진 영육의 삶
사람답게 살다 가면
그것이 돌아감인 것을

현장에서 산다

물도 땅도 하늘도
모두 함께 현장에 있다

기쁨이 있고
슬픔도 있는 고요한 삶의 현장
그곳이 없으면
무위도식함이 아닐까

창조주가
관리 현장을 잠시만 비워도
지구와 태양, 수많은 별들과 별이
충돌하지 않겠는가

땀 흘리고
노고가 있어도
꿈을 찾으러 현장으로 간다

어머니

내 나이 열 살 때
어머니는
여덟 번째 딸을 낳으셨다

고고성보다
흐느끼시는 어머니의 울음소리가
먼저 들렸었다

울음이 산통이 되어버린 어머니는
낳으시고 가르치시는 일로
평생을 사시었다

눈감으면
동네 골목 어귀에서 아낙들과
나누시던 담소가 들려오고
고추밭에서 빨간 고추를 따시던
고향 풍경도 스냅으로 떠오른다

허나 지금은 가신 어머니
눈물로 낳으시고 기르시던
그 딸들이 화목하게 살면서
어머니를 그립니다

선과 악

선과 악
너와 나
우리와 너희
세상은 이렇게 금긋고 산다

따지고 보면
악에 업혀 길러지는 것이 선
한사코 선을 거부하는 것이 악이 아니던가

너와 나
우리와 너희도 존재와 존재의
틈새를 메우지 못한
존재의 양면성

어둠과 빛
대와 소
존재와 무
세상의 이치도 다르지 않은 것을

일찍이 이를 깨닫고
하나이고 싶어 했던
불이(不二)

비행기에서 본 하늘

캄보디아
여행에서 돌아오는 밤

날개도 없는 내가
두꺼운 구름 위에서 날고 있다
푸른 하늘에는
별들의 파티가 열렸다

별들이 사라지고
수평선에 고운 빛 번져 오더니
눈부신 태양이
나를 보고 웃는다

뜨겁고 무거운 태양이
저 많은 별들이
충돌도 없이 운행하게 만든
놀라운 창조주의 솜씨

되돌아본 63년 전

그때
손바닥만한 작은 방에서
옹기종기 일곱 식구가 추위에 떨며
등 기대고 살았었다

철들면서 외로움을 알 무렵
강 언덕에 앉아
두고 온 고향의 넓은 집을
그리워했었다

63년이 지난 지금
6월 25일 그곳을 찾아 갔더니
잘 정리된 농장과 건물들이
새 시대를 열듯 평화로웠다
전쟁이 없으면 얼마나 좋을까

발자국으로 찍으며
기도하는 마음으로 돌아오는 귀로

원두막

하늘을 향해
눈을 감고 누워 있으면
맑은 냇물에 하얀 발을 담그고
물장구 치던 그날이 보인다

들길을 지나고
냇물을 건너고 큰 산도 넘어
옛날을 세월 저쪽으로 밀어낸
지금 나는 주름 잡힌 하얀 손으로
들꽃을 심으면서 흙과 함께 노래한다

고추랑 가지가
주렁주렁 매달려 딸랑이듯 노래하고
옥수수 하모니카에 맞춰 부르는 노래는
하늘을 향해 날아갔다

세상은 잠깐
머물렀다 가는 원두막 같은 곳
해가 지면 포근한 안식처로 발걸음 옮기고
해 뜨면 사립 열고 나와
세상 나들이를 한다

제4부

언어로 찍는 발자국

검단산 오르는 길

진달래
목이 잘린 꽃송이들
낙엽 위에 나뒹굴고
흐르는 계곡 장송곡으로
실어 나른다

흰눈 뒤집어 쓰고 나온
산괴불주머니꽃 무리가
밉지 않게 피어
산계를 흘려 보낸다

계곡 흐르는 물소리가
장송곡인가 싶더니
동의나물 노란 꽃이
무리지어
물소리 새소리 바람소리
배음으로 교향을 이룬다

하늘공원 · 1

하늘바라기 하고
솟아있는 높다란 공원
그 심장 속에 가득찬
독가스

하늘이 손잡아 끌어올리듯
나선으로 둥글게 돌며
올라온 넓은 들엔
푸른 억새풀, 보리밭이
파도를 이룬다

하늘 담는 커다란 그릇일까
비어있는 그릇을 채우기 위해
안개가 부서져 내리고
해, 달, 그리고 별들의
찬란한 빛이 쏟아져 내린다

하늘을 담는 큰 그릇
하늘공원

하늘공원·2

하늘공원이
사람들을 부른다

저 손짓
누군가를 보내는 별리의
손짓인줄 알았더니
어서 오라고
누군가를 부르는 손짓이었네

손짓에 이끌려 오르는
286계단
계단 밑엔 서울의 내장을 긁어다
묻은 무덤

무덤에서 저리 하얀
은색 머리칼을 탄생시켜도
해질녘 이내 금발되어
황금 머리칼이 된 억새꽃

하늘공원의 하루는 억새의 축제장

노을공원

난지도(蘭芝島)
노을공원은 하늘공원의 아우
쓰레기의 무덤이지만
아름다운 공원으로 부활
가족들의 야영장으로 아이들의 놀이터로
젊은 공원으로 탈바꿈했다

해질녘
붉은 노을에
한강은 금비늘 세운 황룡이 되고
나들이 시민들 이마엔 금관이 씌워진다

잔디밭 쉼터는 더없는 대화의 광장
도란도란 살아온 이야기들이
꽃으로 피어난다

소요산

경기의 소금강
소요산

명산답게
아름다운 전설도 깃들어 있다

원효대사와
요석공주의 사랑이야기며
설총의 태어난 뒷이야기까지

오고가며
찾는 발길에 밟힐수록
산은 명산의 높이로 키가 큰다

바다

너에게 갔을 때
내 긴 이야기를 들어주었고
출렁이며 찰싹찰싹 속삭이는
네 이야기도 들어주며
우리는 서로가 나눈 이야기로
외로움을 달랬었지

배고픈 갈매기
허기진 백곰의 주린 배도
너를 통해 채웠고
어부의 가족도
나누어준 너의 풍요로
가난을 면했지

채우고 또 채워
채운만큼 나누어주는 넉넉함
바다에서 나눔의 덕을 배운다

동행

끝도 갓도 없는
세월이라는 강
시간이
조각배를 타고 함께 흐른다

하늘 나그네
구름이 잠시 동선 했다
떠나 보내고
구름 대신 바람이
돛폭을 올린다

주어진 한 생도
시간에서 시간으로 가는
행려

세월 따라
시간은 발자국 찍는
동행인 것을

고향 동네

은모래를 헹구며 흐르던
시리도록 맑은 물
귀엣말인듯 도란도란 흐르고
멱 감던 친구들
지금은 어디서 무얼하는지
눈감으면 다들 보이는데
눈뜨면 나만 혼자 있네

김장하던 날 밤에
무 배추 파들이 싱싱한데
파란 배추벌레 동그란 달팽이들
모두 모여 잔치를 벌이고 있는
고향 꿈을 꾸었다
꿈 깨어 잠 못 이루고
내일 고향에 갔으면 하는
생각뿐이었다

지금은 나 아는 이 아무도 없겠지만
그때 그 산 그 맑은 강은 예대로 거기 있겠지

수평선

동명항
정자에 올라
바다를 내려다 본다

파도는 어디로 갔는지
잔잔한 호수처럼 조용하다

바다와 하늘이
얼굴을 마주대고 있는
멀리 보이는 수평선

그곳에 가면
손으로 하늘을 만질 수 있겠지
노크하면 하늘문이 열릴 것 같은

환상의 쪽배 하나가
수평선을 향해 떠난다

미사 강변길

한강이 흐르고
강물 따라 세월도 흐른다

강안엔
흙냄새 풀냄새
꽃은 꽃으로
풀은 풀잎으로 말하는
그들과 이야기 나누며 걷는다

봄에는
벚꽃 길 걸으며 마음은 고향으로 향하고
여름에는
풀밭 길에서 살찐 고라니를 만났다

가을에는
하얀 억새꽃 세월로 서서
계절을 보내고
겨울이면
하얀 눈길을 걸으며 사색에 잠긴다

미사 강변길은 내 쉼터
잠시 쉬며
생의 행려를 세워 본다

오솔길

여기는
아무도 오지 않아서
내 긴 이야기를 풀어 발자국 삼으며
걸어 본다

새들은
풀씨를 주워 먹느라 바쁘고
풀잎들은 새벽 안개에 목욕한듯
싱싱하다

이 길은
고라니와 토끼들이
숲으로 뛰어 들어가느라 생겼나보다

아무도
오지 않아 외롭고 호젓하고
고요가 내려
호수로 가득 찬 잔잔한 물결 위에
내 마음 내려놓는다

운동화 · 1

운동화는
무지개다
일곱빛깔은 아니지만
무지개를 좇으니까

운동화는
무지개다
좇다가 사라지면
되돌아 오고
되돌아 왔다 다시 좇아가니까

운동화는
무지개다
언제나 무지개 꿈과 동행하니까

운동화 · 2

미투리와 나막신을 신던
옛 조상님들이
우리의 발을 보고
부러워 하실까?

꽃신도 가죽신도
벗어 던지고
무지개 빛깔 고운 신을 신고
한라에서 백두까지
힘찬 행보들

버스에도 전철에도
여행길에도
그 고운 무지갯빛 운동화 세상

세월

동행하는
세월
보폭은 일정한데
어째서
행보가 이리 빨라지는 것일까

생을 알 무렵부터
가속도를 더해가는
세월과의 동행

발자국마다에
생이 찍힌다

찍힌 생 저쪽으로
이마를 가로지른
강 하나 흐른다

여행 · 1

차창은 커다란 유리액자
산 강이 실경으로 걸린다

굽이굽이 굽돌이로 돌아서는
산 어귀

누구의
솜씨일까
그림 속으로 내가 걸어간다

흐르는 맑은 계곡 물에
두 발을 담그니
한 장 스냅으로 고향이 보이고
어릴 때 같이 놀던 친구들도 보인다

여행 · 2

부르는 이도 없는데
내 안의
나를 찾아 떠난다

길가엔 다래 으름이
주렁주렁 매달려
넝쿨 터널을 이루고
터널 지나 아담한 민박 한 채

민박집엔
혼자 사는 노모
노모와 이야기를 나누다
잠이 들었다

나는 누구인가?

여행 · 3

새들 울음소리에
어둠이 물러서는
새벽녘
노란 뚱딴지꽃 피어있는
송계계곡의
언덕을 오른다

조르 조르 조르르
어둠을 헹구며
흐르는 맑은 물소리
물소리 흐르듯
나의 삶도 쉼없이 흐르고 있다

산사의 법당은 아직
새벽을 털어내지 못했는지
풍경소리도 잠들어 있고
산새들만 어둠을 쪼아대며
아침을 부르고 있다

오늘도
이렇게 하루해 보내고
그이와 손잡고
새 길을 떠난다

아침과 함께

이야기가 하고 싶어서

이야기가 하고 싶어
집을 나섰다

눈으로 이야기하려고
들길을 걷다
들꽃 앞에 선다
꽃잎마다 언어로 달삭이는 들꽃

머리로 이야기하고 싶어서
여의나루에서 선유도까지 걸었다
소리하지 않는 강을 따라 걸으며
강 건너 시끄러운 이야기들을 지우고
시작되는 이야기 강과 나눈다

마음으로 이야기하고 싶어서
내일은 산으로 가야겠다
새 나무 숲
도란도란 흐르는 계곡
마음에 담으면 그대로 이야기가 되는
자연의 언어
그 언어로 이야기하고 싶어
산으로 간다

인파 만파

어느 월요일 오후
일터에 있는 사람들과
유원지에 몰려든 이들로
사람들은 넘쳐흐른다

바다가 넘치면 파도가 일듯
사람들이 넘치면
인파 만파가 되어 노도처럼
출렁인다

웃고 이야기하며 떠들고 있는
흐르는 인파 속에
표류하듯 내가 서 있다

가을 해가 저문다
잘 길들여진 귀소 본능이
발길을 재촉한다

울산바위

울산에 있던 바위를
금강산으로 옮기다
일만이천봉이 다 차서
설악에 두었다는 울산바위

바위를 향해 산을 오른다
무슨 선계라도 된듯
한사코 안개가
속인의 앞길을 가로막는다

젊은 시절
숨 고르며 올랐던 것과 달리
턱에까지 숨이 차오른다

발길질에도 물러서지 않는 안개가
속인의 발길을 가로막는
이유를 알 것 같다

너무 내가
속진을 뒤집어썼음이다

무제 · 1

아무것도
보이지 않고
아무 소리도
들리지 않아요

냄새도
맡을 수 없고
맛도 느낄 수 없으니
내 오감이 잠이 들었나

뜨거운 모래 위를
바삐 기어가는 개미처럼
펼쳐진
온 몸을 움츠리고 기어가는

나는 뜨거워서 바쁘다
뜨거워서 급하다
어디서 와서 어디로 가는지도 모르는
한 마리 검은 개미인가

무제 · 2

92세 노파가
슬리퍼에 발목을 의지한 채
용문산 길을 오른다

한 젊은 여자가 다가와
신고 있던 운동화를 벗어
할머니와 바꿔 신고
팔짱을 끼고 나란히 걸어간다

경로라는 말 방언된지 오래인데
저런 젊은이가 있다니

이 가을
저런 여심이 익는다면
어떤 빛깔이 될까

빨간 여심 하나 가슴에서 익는다

제5부

시집 평설

직관과 관조의 형상미학

박진환
(시인 · 문학평론가)

1. 전제

시란 그것이 자연사물이었건, 존재였건, 내면적 사유나 정서였건 이를 언어로써 재구성해내는 형상미학이다. 그 때문에 시는 언술에 의존될 수밖에 없고 언술에 의해서만 미적 가치를 창출해낼 수 있게 된다.

언술이란 일종의 언어를 다루는 기술을 의미한다. 그 때문에 기술에 능하면 입신지경(入神之境)이라 하고 서툴면 반생반숙(半生半熟)이라고 한다. 입신지경은 신의 경지에 들어설 만한 고수를 의미하고 반생반숙은 아직 숙달되지 못해 서툴다는 뜻으로 쓰이는 말이다.

시인은 그 전자적이기를 희망하고 그러기 위해서 언어의 채

굴자가 되기도 하고 연금술의 달인이 되기를 희망하기도 한다. 그런가 하면 시인은 견자(見者)를 자처한다. 보이는 것이 아닌, 보이지 않은 것까지를 보고, 동시에 꼭 보지 않아서는 안 될 것을 볼 줄 아는 고성능 시력의 소유자로서의 견자, 그리하여 사물의 드러나지 않은 배후를 투과, 감추어진 비의(秘意)까지를 발견하고자 하는 그런 견자이기를 희망하기도 한다.

견자와 연금술사는 그래서 동전의 양면같이 떼려야 뗄 수 없는 불가분의 관계를 존재의 숙명성으로 지니게 된다. 보는 일과 보아 발견해내는 일, 발견해낸 것을 형상으로 재구성하는 지적조작으로서의 언술은 시인의 존재조건이자 시인을 시인이게 하는 시인의 조건이기도 하다.

견자의 시력은 1차적으로 직관(直觀)에 의한 시각이 중시된다. 사고나 추리 따위의 사유작용을 가하지 않은 순수 그대로의 포착력으로서의 직관적 시력에서 직관적 사고로 이동, 시적 대상이라는 발상이 이루어지고 이를 단초로 해서 창조적 경로가 이루어지기 때문이다.

이때 시적 대상은 구체적 대상에 한정되므로 구체적 사고나 대상 사고에 의존되는 직관적 사고를 수반하게 된다. 이른 바 진리·실재는 사고에 의하지 않고 지적 직관에 의해서만 파악할 수 있다는 직관주의는 여기에 기초한다.

김종희 시인의 시집『꽃씨 음(吟)』에 수록된 일련의 시편들은 바로 지적 지관에 의해서만 파악될 수 있는 그런 포착력의 견자 시각에서 씌어지고 있다고 보여진다.

그런가 하면 다른 일련의 시편들은 창작 활동을 내면적으로 번복했을 때만이 발상으로 작용할 수 있는, 관조적 태도를 보여주고 있어 시에 대한 평가치의 이원성(二元性)을 불가피하게 한다.

직관적 태도나 지적 직관에 의존된 시편과는 달리 주관적 요소가 배제된 정신적 개안으로 관찰·완미하는 관조적 태도는 직관적 태도와 더불어 시를 이분법(二分法)으로 파악하게 하는 단서를 제공한다. 그리고 이러한 시의 양면성은 언어로써 형상화되는 창조적 경로로 탄생시키고 있어 변용·펀·재구성 등 언술에 의한 단일성으로 귀결되고 있다.

시를 제시, 구체화 했을 때 이해를 도울 것으로 보고 제시해 본다.

2. 시적 양면성과 언술의 단일성

전제한 바와 같이 김종희 시인이 상재한 시집『꽃씨 음(吟)』은 시의 발상이 두 경로에서 이루어지고 있다. 하나는 시적 대상의 직관적 포착에 의한 형상화이고, 다른 하나는 정신적 발상을 관조적 관찰과 완미로 재구성해낸 형상화가 그것이다. 그리고 이러한 시적 양면성은 현대시법에의 충실에 의해 단일성을 획득해내고 있다.

2-1 직관에 의한 형상화

시집에 수록된 시편 중에는 꽃을 대상으로 형상화한 시편들이 많다. 대부분의 꽃들은 완상용의 화려함이 아닌 발길 닿는 대로 산길·들길을 걷다 만나는 길가의 화훼나 들꽃들이 많다. 제비꽃, 민들레, 코스모스, 초롱꽃들이 그러하다.

대부분이 즉자적(卽自的)인 꽃들, 거기다 발길에 닿아 잠시 발길을 멈추고 굽어보거나 만져보는 꽃과의 만남은 순수자연 감정으로서 직관적일 수밖에 없게 된다. 사고나 추리 따위가 개입할 여유가 없는 순간의 포착에 의해서 만나는 꽃들은 그래서 자연감정의 순수만이 수반될 뿐이게 된다. 시가 직관적일 수밖에 없는 소의 또한 이러하다.

가) 푸른 숲에
아주 작은 들꽃 하나

바람이 분다
바람 속에 흔들림은 있었지만

지금은 조용히
날개달린 씨앗이 되어

바람 따라

먼 곳으로 여행한다

그래도 나는
어디서나
들꽃이어라

나) 초봄에
작은 잎이
소복이 올라와

보송보송한
하얀 털이
솜털인양 부드럽다

손길 닿으면
이내 건네는 체온
피가 돌아
연분홍 꽃으로 핀다

피어 바람 바퀴삼아 굴리며
봄나들이 즐기는
취란화

예시 가)는 「들꽃 · 1」, 나)는 「앵초」의 각각 전문이다. 여기저기 산야에 흩어져 피어 있는, 바람이 불면 부는 대로 흔들리고, 바람 따라 꽃씨를 날려 보내기도 하는, 이름 없이 피었다 지는 내어던져진 피투된 우연으로서의 존재, 그래서 대자적(對自的) 의미를 획득하지 못한 들꽃과의 만남은 지극히 직관적이다. 종연 '그래도 나는/어디서나/들꽃이어라'라는 들꽃의 언어를 읽어주는 것 외엔 사고나 추이의 개입을 허용하지 않는 오직 순수만이 개입된 자연감정으로써만이 만나는 들꽃은 직관의 형상화라고 할 수 있다.

예사 나)도 예외는 아니다. 앵초에서 포착된 '보송보송한/하얀 털'과 '손길 닿으면 건넬 것 같은 체온', 그리고 '연분홍 꽃잎'과 '봄나들이 즐기는 앵초'와의 만남은 앵초에 대한 해석이나 이미지, 그리고 앵초 뒤에 가려진 비의의 발견과 같은 가시적 꽃 외엔 그 어느 것도 개재돼 있지 않은 순수한 꽃으로서의 직관에 의한 보여줌뿐이다. 그 때문에 단순 · 소박하고 진술 그 자체가 있을 뿐이다. 다른 일체의 것을 배재해버린 순수 때문이다.

2-2 관조에 의한 형상화

직관에 의한 만남은 관조적 시편에 오면 그 내면의 깊이와 함께 정신차원의 해석이 요구되는 넓이를 지니는 다른 차원의 시로 읽히게 한다. 역시 시를 제시했을 때 이해를 도울 것으로 본다.

가) 꽃은 꽃인데
이름을 알 수 없구나

이름을 알 수 없으니
이름으로 불러줄 수 없구나

이름도 없이 피었다 지는
졌다가 다시 피는
피고 지는 우연

이름 없는 들꽃을 앞에 하고
우연과 필연의
두 존재를 읽어 본다

나) 비어 있음이 채움이란
비움 없이 채울 수 없다는
비우고 채움이 하나 되는 이치가
불이(不二) 아니던가

어찌 항아리뿐이랴
너와 내가 둘이 아닌
하나인 자타 불이(不二)도
다름이 아닌 것을
빈 항아리에서 배운다

다) 바위를 향해 산을 오른다
무슨 선계라도 된듯
한사코 안개가
속인의 앞길을 가로막는다

젊은 시절
숨 고르며 올랐던 것과 달리
턱에까지 숨이 차오른다

발길질에도 물러서지 않는 안개가
속인의 발길을 가로막는
이유를 알 것 같다

너무 내가
속진을 뒤집어썼음이다

예시 가)는 「들꽃·2」, 나)는 「항아리·1」의 전문이고, 다)는 「울산바위」의 일부다. 우연의 존재인, 생성소멸의 되풀이만 있을 뿐인, 내어 던져진, 필연과는 거리가 먼 이름도 알 수 없는 '들꽃', 그 '들꽃'을 앞에 하는 것까지는 직관적(直觀的)이다. 그러나 종연 '이름 없는 꽃들 앞에 하고/우연과 필연의/두 존재를 읽어'보는 것은 객관적 시각을 빌어 즉자(卽自)와 대자(對自)를 읽어보는 냉철함과 냉철함 속에서 존재를 완미하는 정신차원의 다분히 관조적이고도 객관적이다. 예시 가)는 이런

해석이 가능할 듯싶다.

예시 나)는 속이 텅 비어 있는 '항아리'를 앞에 하고 비움과 채움이 하나라는 불이(不二)로 읽어내는 정신적 높이는 살만하다. 차면 비우기 마련이고, 비우면 다시 채우는, 비우고 채움을 넘어선 묘미를 깨닫는 것이 불이(不二)가 아니던가. 여기에서 끝나지 않고 항아리를 빌어 '너'와 '내'가 하나인 이치에 가 닿는 자타불이(自他不二)도 같은 맥락성의 관조적 깨달음에 값하고 있다.

예시 다)도 '울산바위'에 오르는 등정을 통해 깨달은, 안개가 가로막는 길을 '속인의 발걸음을 가로막는 것'으로, 그 이유를 '너무 내가/속진을 뒤집어썼음'이라고 깨닫는 정신차원은 관조적 깊이나 높이에서만 체험될 수 있는 각(覺)같은 것이 아니겠는가.

이러한 조명은 김종희 시인의 시집 『꽃씨 음(吟)』을 관류하고 있는 두 흐름을 중심으로 적용해본 이분법(二分法)의 결과지만 이 외에도 간과할 수 없는, 현대시법에의 충실인 언술도 제시해볼만 하다.

2-3 변용 · 양극화 · 컨시트 · 펀

현대시법을 대표하는 언술로 제시될 수 있는 것들이 변용 · 양극화 · 컨시트 · 펀 등이다. 김종희 시인이 이러한 시법들을 자신의 시로 실천하고 있다는 것은 시인의 시법에의 충실과 함께 현대시법에서 시를 출발시켰음을 의미한다. 이 점 간과할 수 없다고 여겨져 시를 제시해본다.

가) 하루는
죽창이 꽂혔다가
하루는
철못이 꽂히고
또 하루는
투창이 내리 꽂히는
우계

장마철은
비들의 전쟁터

신식 아닌
구식 전쟁놀이로
하루하루를
보낸다

나) 운동회는
무지개다
일곱빛깔은 아니지만
무지개를 쫓으니까

운동화는
무지개다
쫓다가 사라지면
되돌아 오고
되돌아 왔다 다시 쫓아가니까

운동화는
무지개다
언제나 무지개 꿈과 동행하니까

예시 가)는 「2013년의 장마」, 나)는 「운동화·1」의 각각 전문이다.

예시 가)는 쏟아져 내리는 장맛비를 '죽창', '철못', '투창'으로 변용, 찌르고 꽂히게 함으로써 장마를 '비들의 전쟁터'로 관전하면서 '신식 아닌/구식 전쟁놀이'로 재해석, 지리한 하루하루의 장마기간을 보낸 한일담이다. '죽창', '철못', '투창'이라는 이미지의 동원도 컨시트에 값하지만, 이를 '비들의 전쟁터'로 이동해내는 위트도 살만하다.

예시 나)에서의 '운동화'를 '무지개'와 동일시한 컨시트도 기발하지만 동일시를 성립시키는 성립조건의 동원이 더 기발하다. 운동화는 '무지개를 쫓으니까', '쫓다가 되돌아 오고/다시 쫓으니까', '언제나 무지개꿈과 동행하니까' 운동화가 된다는 동일성의 발견은 컨시트만이 성립시킬 수 있는 변용이다.

다음엔 양극화의 시편을 제시해본다.

가) 나르시스의 환생
올봄엔
이루어질 수 없는 사랑
꽃말과는 달리
이루어질 수 있을까?

나) 저리 큰 만복의 배를 하고도
배가 고파
하늘 향해 입을 벌리고 있는가

예시 가)는 「수선화」의 일부이고, 나)는 「항아리 · 2」의 일부다. 예시 가)에서는 '이루어질 수 없음'과 이에 상반 · 상충되는 '이루어질 수 있을까'를 병치시킴으로써 양극화를 이루어내고 있다. 그리고 예시 나)에서는 '만복의 배'와 '배가 고파'를 대립시켜 양극화를 이루어내고 있는데 양극화는 서로 대립 · 모순 · 상반 · 상충의 이미지를 병치시킴으로써 시적 긴장을 유지하게 하고, 이를 다시 합일시킴으로써 카타르시스를 체험하게 하는 현대시법에서 빼놓을 수 없는 언술의 하나다.

끝으로 PUN의 시편들을 제시해본다.

가) 우리말로는

살살이꽃
아름답게 나부낌도 살살살
몸부비며 살 맞댐도
살살살

나) 날마다
기다립니다
기다림 기름삼아
초롱불 밝혀들고
오늘도 기다림이 되어버린

예시 가)는 「코스모스」의 일부이고, 나)는 「초롱꽃」의 첫 연이다. 두 예시가 공히 펀의 시적 효용을 알고 쓴 것으로 보이는데 예시 가)에서 '살살이꽃'의 명명을 '아름답게 나부낌도 살살살'로, '몸부비며 살 맞댐도 살살살'로 소값과는 달리 전혀 다른 의미로 이동시켜 성립시키는 펀은 동음이의의 전형적 펀이다.

예사 나)도 예외가 아니다. '기다림'을 '기름 삼아'로 이동, 초롱불로 불 켜게 해놓고 종국에는 '기다림'의 등불이 되어버린 의외의 의미로 이동 내지 반전시킨 언술은 펀의 또 다른 맛이다. 그리고 이러한 이동과 전환의 순발력으로서의 위트가 다름 아닌 컨시트의 원천이다.

이상과 같이 변용・양극화・펀 등의 시법들은 예외 없이

컨시트의 산물이란 점에서 김종희 시인의 시가 현대시법에서 출발되었음을 말해준 것이 되고, 이 점 현대시법에의 충실이 된다.

3. 결어

이상으로써 김종희 시인의 시집 『꽃씨 음(吟)』을 조명해 본 셈이다. 결론으로 제시될 수 있는 것은 시집을 관류하고 있는 시의 두 흐름이 직관과 관조라는 점이고, 이러한 이분법(二分法)을 변용·양극화·펀 등의 컨시트가 동원한 레토릭으로 기교적 단일화를 보여주고 있는데 이 점이 첫 시집으로 거둔 성과라고 할 수 있다.

꽃씨 음(吟)

2014년 12월 10일 인쇄
2014년 12월 20일 발행

지은이 / 김종희
발행인 / 박진환
펴낸곳 / 조선문학사
등록번호 / 1-2733
주소 / 120-853 서울 서대문구 통일로 389(홍제동)
대표전화 / 02-730-2255
팩스 / 02-723-9373

ISBN 978-89-98115-92-0

정가 10,000원